Maria Felix. Wargin

[transparent]

ТРАНСПАРЕНТ

GEDICHTE

erweiterte Ausgabe

ISBN: 9798878960144

INHALTSVERZEICHNIS

[TRANSPARENT]

BERG SCHWITZT

berg schwitzt
sonne für sonne
schweißt
gleißenden abgrund.
dieses aufschauende fenster
geht unter
s e h e n d e
w   e   l   l   e

ZIMMER VOLL

zimmer voll[3]
uhren

nächtender
wellen

samen wandern
in reihen über
rasch
töne
höhlen die decken
riesen bödende seen
lerchen takt.

[TRANSPARENT]

beben
kippt den herzschlag
auf die treppe
zum sonnentakt
auf
                    auf

schritten doch räume
in mich
zerren und wellen
das maß. ich
gewähre durch
sicht
einfach [endet das echo]
durch das brunnenglas
nah.sehen

DER MOND GEWITTERT

der mond gewittert über wolkenwälder,
gerollt in sicheln: rasend räder,

bis in das tal mitweltgefüllt,
                    von | | welt durchwühlt [...]
ein wolf, er wirrt gespiegelt in den scharen –

doch schlägt die glätte hartes |fell| zurück
                        rund fließt er ab:

ein punkt

ALARM

ALARM

gesehen: weiß
rabenschwarz kahl
gipfelhoch
lautkohle
        kalt.
a l a r m
umsich
umschau

brüderundnichtbrüder
metallscharen elster
mutterundschwester
a l a r m

kämpfen
spiegel am tag
leuchte n n a c h t

brotfliegen
       raupen
                  spinnen

w alldmund
jedes mal
   lehm jeder
flügge jede

robeschlaf

AUCH DER SONNENAPFEL

auch der sonnenapfel dunkelt
nach hinrichtungen der augen.

gewendet ins ringen
                    des grau geschichteten.

alles ums haar. randständig wir
not
ihr gesicht
vom spiegelnden zentrum
vernommen

hinein in den klagestand
dort der da und die
dein
bild wand wand und wand,
wand und oben und
unten geschieden
gott
frei
dein schnitt – in das
sinkende erdrund

akut
es zweit

STADT UNTER

stadt unter.
    wasser

schlägt schlägt
glockengrund.
        voll

denkmal
für denkmal
blühen leer

dein bild
wächst

ins wehen.
über

TRAUERWEIDE

hallen }
mittel } los[3]

tränengerost

allerheiligenschale
                    steinerner
unglückstafel
im glockengeheul

stilles hoch
      gewitter

weisser dauertod
der letzte
im längsten zug

namenlos
lebend
wiedersehen
grabenträger allein
mit erde

SEE

see

wo dein schatten
wenn du

in brand
bist
und
brichst
höhle für höhle
wege blindes
land

sagt –
nicht wer
wer wie viele
zahlen zählen
nicht

köpfe nur
schlagen in zeit

zeit
zehn nicht, sieben
acht nicht
hohle see

hoch und immer

WIEGEBET

wasser.
schlichte
den seezug abwärts
                    hinauf

keime das ragen
wirf dein eigenes
fallen:

die weiten wüsten
augenlos
in der mondlichtung

die weiche ringt
fasst den seezug abwärts
                         hinauf.
richtet den raum
auf!
atmelos

lossagen aller
gebiete.
währendes bleiben

im lichten

WELTNAHT

WELTNAHT

roh rauh raucht
osthin
    grau
mondlage
schwarzruß
sand stechnadel

sammelwort satt
fliegender: rabe

    kopf werfen
    kopf zahlen
doppelmaß
ich u n d i c h t
zweiter
    runder
  einer
zahlweg
punktrah
          r a um

WILLST DU

willst du
augen zählen

woda odin und einmal
trägt nie und immer
oder oh
val

alles augenkörper im
lehmaugennichts:

was passiert ist in
mir

desweges kalt und
pausenlos still
wasserraum in uhren

kannst du das.
durch wellten stürzen.

innnaht
dieses offenen Fensters

duunddunich
dudadadu

hoch nach unten
fallweise los

im gewichtsöl
wasser

eugen kindlich umgebung
durchr e i e nregentakt

wellwennwe
wellvelve!
trann!

unddann
tiefeein:

hallten

FALL

fall
in jedem
fall

lach:
ende
tore immer gespiel

fai- & fähr geronnenes
laut
gesagt & gefällt

ins nächtige
macht & nicht
nichtige.

innt, still
end end
es
tagtlos

DOPPELGÄNGERGESICHT

○

ein fall: doppelgängergesicht
(blende licht)
laut entzwei
zerbrochene schale
im fluß
abgeschnittener
fließender
    kopf
gesicht
    einesundeines
    totundlebendig

hier warst du
hier bist du
hier warst du
in brechende
    e h e
in spiegel gezerrt

in mir
mein echo ists
endlicher

leer wo nicht
du nicht bist
hier dein spätes heute

wo ich nicht war

war ich
im fluß

○

gegessen das eigene
blut wo sagtest du
wo sprichst du

hier meine antwort
auf deinen wiederruf:

h a u t
weinhaut
geschlossen und wund

auseinandergewogen die leiche
wasser in diesem lebenden

o r t über sich

DU BIST LAKEN

du bist
bester
geliebter
vatter
mich
an das bett geführt

deiner laken
d e i n e t a u b e l a k e n nacktblau
l e e r e r

rahmen
leinen
mich an das bett geführt
deiner wahnen
schmerzvolle brust
a n w o r t

name
rose geöffnet
ziehen haare
haut

wurzeln schlagen d u n k l e r
mund
an das bett geführt
deiner stillen

ferse schwarz
s c h w a r z b r u s t r a u m
z e i c h n e n d e i n e l e e r e n
laken

barfuß

mich
an dein bett geführt
deinen Händen
windig gerost
enden
irren
werken

nicht fehlen.
da kennt keinen.
d e l l e n

DU SCHWINDEST

du schwindest im
tiefschlaf papierhaut
noch warm

die tagesgrenze holt dich
ich hole dich
mit der axt ab

dein ringen lässt mich nicht
los
lose bin ich darin
verstummen

auge ins auge
es hallt der raum darin

du geflohen
aus uns unserer
schlusslinie kreist

wacht auf

AM ****

AM ****

I.

es sich
es ich
sich

es schließt sich
der kreis.
er trichter
rand

am anfang
geläutert.
ende war nicht

land
brach dem bach
seine grenzen
floß empor
flammte
mündete
in
zunge.
Zeit

wer

bringt.
wer bringt wasser
aus dem höhenquell

zu fuß und zu füßen:
grüße dich

P.S.
war jemand?
monde und morgen
wechselten

gesichter
sichteten sich
hin.

und wieder
legte sich
ins los
das lesen
aus und

II.

rund reckt sich
die erde

weist
ins schwarze
mitten

im schnee
glaube vera
verba

nackt
kommst du
woher
regnest

bereit

augen deine zeit
windet sich
klein um klar

sonne
ei

III.

reis
die wege
gestreut
ins offene

salz
weißhochweiß
sprich: WEISS

öfter und fester
ton
synchron.

roher.
Puls

ES GIBT WORTE

MORGENTRANK

Morgentrank.
Seine Lichttiefe überwach.

Stille: schleichender Jäger,
der seine Beute ins Auge fasst.
unaufhaltsam.

Der Gedanke keimt.
Hinter dem Rücken
Steigt er empor

künftiger Schatten,
dunkle Wegweisung:

kehre um, kehre um –
vierfach: Suche
nach dem Mittelpunkt.
(vom Ende her)

Du
entblättere deine Stimme
weine ihre Nacktheit
in der Geräumigkeit aus
lass sie erzittern:
der Wind ist da.

RAUBE MIR NICHT

Raube mir nicht
das Fehlen der Zukunft
und gib mir nicht
die Vergangenheit zurück.
von allen Zeiten
enthäutet, entzündet,
mit allen Zeiten beschwert:
unversöhnt
bin ich.

ERSCHRICK NICHT

Erschrick nicht
vor deinem Spiegelbild:
Gesprochenes lügt
im Zagen vor dem Schweigen,
und jede Zeichnung
bleibt nur eine Tarnung
im Angesicht
des unverlierbaren Selbst
im Anderen.

GEWÄCHSE

eure zarten Gewächse,
die ihr mutig eure blüten an die winde
schmiegt,
um von ihnen verwundet zu werden,
um zu werden. der verwendung bloßgestellt,
allen windungen.
bereit, alles aufzunehmen, anzunehmen,
von den winden getragen zu werden,
gebt ihr die ganze tragfähigkeit eures bodens
hin,
um mit ihrer bewegung eins zu werden.
eins zu werden.

SENECAM CENSEO

Entwaffne dich
bis auf deine Haut:
Die Blöße deiner Wunden
ist dein Schwert,
das schneidend Seelen
in der Einheit währt.

Entwirf dich
bis auf deinen letzten Ahnen,
dein Innerstes
und äußerstes zugleich.

Dein Du, dein Ich
müssen zusammenfallen,

Und Götter –
nackt und unbewaffnet.
sein.

DIE VERNEINUNG

Ein vom Selbst erschaffener Dämon
stellt Mauern auf
fürs Ich und für die Welt.

Er erhebt sich über diese,
als gäbe es keine Welt,
kein Ich in dieser Welt
und keinen
von ihm erschaffenen Dämon.

WORTE

Worte scharen sich herum... um.
seltsam
sie werfen keinen Schatten
doch sie haben die Zeit
in ihrer Gewalt
und zwischen jedem Schritt
liegt ein Wort
tot

ES GIBT WORTE

Es gibt Worte,
die geschrieben werden müssen.
tief in die Haut hinein,
mit belebendem Atem,
blutrot,
die ganze Schuld auf sich ladend,
sie tragend,
Schuld des Gegebenen.
es gibt Worte

VARIATIONEN

ЛУНА И МОРЕ

Шерстью росистой покрылись склоны
Ёжатся в ветре
Дышат полем
Мокрые волнами бело-желтого моря
Луна и море

LUNA ET MARE

felltauhänge
igeln im wind
atmen weite
wasserwellen weißgelben meeres
luna et mare

БЕЛАЯ ПРОПАСТЬ ЛУНА

Шерстью росы покрылось поле
Белая пропасть луна

WEISSER ABGRUND MOND

fell wollern
nachttau
die weiten sind weißer
abgrund
mond

HIMMEL FLIESSEN

НЕБО ЛЬЕТСЯ

небо льется
стало волной
войной
а солнце?
слепит глазами
гранит земли
камень

HIMMEL FLIESSEN

die himmel fließen
werden wellen
kriege
sonne aber?   die
blendet mit den augen
den granit der erde
den stein.

РУЖЬЕМ В МОРЕ

ружьем в море
река расстреляла
рыб по шару
разлила живую
кровь и запила
песнью
она
учила по-своему
слову училась
день ночной
день деньской
медом и молоком
по саду
по саду
где все
выли
кровящимися глазами
кружились щенками
вокруг собственного
крысиного
хвоста
дрожащего
в неглубокой норке

UNTIEF

mit gewehr ins meer
den fluss zerschossen
die fische kugelweit
vergoß lebendiges
blut und nach
gespült mit
dem lied
sie
lehrte eigentlich
das wort lernte
tag nächtigt
tag täglich
mit milch & honig
im garten
im garten
wo alle
heulen
mit blutenden augen
kreisen welpen
um den eigenen
ratten
schwanz
den zitternden
im untiefen
löchlein

СОЛНЦЕ В МОРЕ УПАЛО

Солнце в море упало
запело
подожгло око
со дна
сквозь мор
и мир
поднимающееся
к небу.

SONNE INS MEER

sonne ins meer
gefallen
fing singen an
zündete auge an
vom grund auf
durch tod
und all
das geht
zum himmel.

ВОЛК ВОЕТ ДАЛЬ

волк воет даль
ветром вой его
вере воле

ДЕРЕВЬЯ РЕКАМИ-ЖИЛАМИ

деревья реками-жилами
питают небо
разлили голубую
кровь: до рассвета

БУДЕТ РАССВЕТ

тёмной горой
ходит по лезвию гром:
будет рассвет.

T AU

ТАЙ

тай
тихо
тайной
стаей
разлитой
по миру миром
кружись снегом
и ранней золой
стогов сена
и долгих лесов
летай
день

T AU

t au
still
heimnis
im zug
zerflossen
friedereich
kreis schn e e
und frühe asche
heuhaufenreich
und langer gewalder
flieg
tag

ВОЛОСЫ РАСПЛЯСАТЬ

Волосы расплясать
по-нагому
телу и телу
за лён
и стогами лет
летающих снов
с нежными тишами
гор

HAARE ZERTANZEN

haare zertanzen
im nackten
dem körper & körper
hinter dem leinen
und dem schober jahre
fliegender t räume
mit schnee
stillen der berge

РАСПЕЙ

распей
пускай
раскат зеленого
по полю
любящего
любящему
авось
восход
и бело
твое
тихое
тело

ЗОЛ МОРОЗ

Зол мороз
Зло солнце
По обе стороны
Ты да я
Я до я
День ночь
Кругом ходит
Море реками
Связано

Голь горою
ходит
Да голод
Холод
Голоса

Словом
Скажи меня

ВОЛЬНАЯ ТУЧА ПЛЫЛА

вольная туча плыла,
грозилась кому-то,
кто-то по морю плыла,
полная жажды море она целовала
и море её в ответ обнимало.

    что ты, что ты, ребёнок плачешь?
вольна долина воды,
    смотри,
даже песни ответили ветром,
сказали
вместо замков и замков
нам ветер дорогой и море.

народ песнь гласит
        freier! freier!
мирный народ светает
все дороги его бутоном взросли
        и шёлком открыты лето

    спи, просыпайся
    спи, просыпайся

лето, твоё дитя

ГДЕ РАССКАЗАЛА СЕБЯ

где рассказала себя
      долина,
лес расступился
все стороны света –
дорога одна.

все тихо.
вода – свежа.
где мы были, как вечер день рассказал.
кого мы хоронили
                      и чья песнь в нас жива.

как долго, как долго мы
друг у друга
друг рядом с другом

      словно чужие
      словно слепые
      словно глухие

стояли.
чего мы не знали?

КОТОРЫЙ ЧАС?

к картине Татьяны Стрижаченко
Рекурсия памяти

который час?
ein heute

schweige, schweige!
глаза глотает тень,
когда-то была сказка
спозаранку
мы шли куда-то
и говорили в ряд

будильники
мы все стояли по своим углам и шли
по краю пустыря.

я тебя не слышу!
я не слышу,
как говорю я сам.

через меня проходят
двора и ветер.
так называлась жизнь?
я рано назубок зубрил:
война-игра, игра – моя любимая
война. мячами считали двери:
раз, сто – я.

нашел в прыжке
наших походов себя.
здесь были мы – семья.

здесь песни я услышал.
молитвой были для меня слова.
лучами проводили, так думал я тогда:
где песня – там и я.
где песня – не в обиде

рука, дай мне, где ты?
где – твоя рука?

ты слепо шел. молчал

давай поговорим.

НЕ УБИВАЙ

Не убивай бесом сознания –
бессознанием –
Волю, свободу.
Не покушайся на жизнь.
В одном все.
Без одного – ничего. Никого.
Не убей.

ANHANG

ZUM BAND

Die Gedichte des Bandes entstanden hauptsächlich zwischen 2015 und 2016. Die Gedichte aus dem Kapitel ES GIBT WORTE und einzelne Gedichte aus T AU sind vom Jahr 2008.
Die Interpunktion wurde an manchen Stellen bewusst ausgelassen oder hinzugefügt.

Printed in Poland
by Amazon Fulfillment
Poland Sp. z o.o., Wrocław
22 March 2024

7c2aaff5-2a13-4622-9438-0fe7aa695157R01